AUTOMÓVILES

MÁQUINAS DE VIAJE

Jason Cooper

Versión en español de Argentina Palacios

Rourke Enterprises, Inc.
Vero Beach, Florida 32964

FOTOS
© Lynn M. Stone: páginas 4, 7, 8, 10, 17 y cubierta;
© Winston Luzier/Lightwave Photography: páginas 12, 18 y
portada; cortesía de la Ford Motor Company, páginas 13 y 21;
cortesia de Mercedes-Benz of North America, Inc., página 15

AGRADECIMIENTOS
El autor desea expresar su agradecimiento a Bellm's Cars and
Music of Yesterday, Sarasota, Florida, por la ayuda prestada en
la preparación de las fotos para este libro.

LIBRARY OF CONGRESS
Library of Congress Cataloging-in-Publication Data
Cooper, Jason, 1942-
   [Automóviles. Español]
   Automóviles / por Jason Cooper.
   p. cm. — (Máquinas de viaje)
   Traducción de: Automobiles.
   Incluye índice.
   Resumen: Examina la historia de los automóviles y estudia
los diferentes tipos de los mismos.
   ISBN 0-86592-510-0
   1. Automóviles—Literatura juvenil.
   [1. Automóviles. 2. Materiales en español.]
I. Título. II. Serie: Cooper, Jason, 1942-   Máquinas de viaje.
TL 147.C6318   1991
629.222—dc20   91-11061
                  CIP
                  AC

ÍNDICE

AUTOMÓVILES

Los automóviles, carros o coches, son de muchos tamaños, formas y colores. Hay camionetas, modelos de cuatro puertas, **convertibles, limosinas** y **cupés** deportivos de dos puertas.

Todos los modelos tienen cuatro ruedas y un **chasis,** que es una armazón de acero.

En los Estados Unidos hay unos 130 millones de automóviles y más de 3 millones de millas de caminos pavimentados.

Automóviles en una carretera interestatal

LOS PRIMEROS CARROS

Los primeros carros se fabricaron a fines de la década de 1800. Añadieron motores a coches que antes tiraban los caballos. Los primeros motores funcionaban con vapor o batería.

Los motores de gasolina funcionaban mejor. Aparecieron en 1895 y todavía se usan hoy en día. El Ford Modelo T (1908), de Henry Ford, fue todo un éxito. En 1913 empezaron a salir de una **línea de montaje.** Cada uno de los trabajadores añadía una parte al carro cuando pasaba frente a su puesto de trabajo.

Carro Carter de 1912

CARROS ANTIGUOS

Con la línea de montaje, los carros resultaron menos caros, más rápidos y mejores.

Ya no tenían manivelas para arrancar el motor sino arracandor eléctrico. La capota ahora era de acero, no suave, y las llantas, neumáticos o gomas no eran sólidas sino que tenían aire.

En 1939, Oldsmobile introdujo un carro que hacía un **cambio** por sí solo.

Ford Modelo A de 1930

CARROS MODERNOS (1940-1969)

Durante la II Guerra Mundial (1939-1945) las fábricas de automóviles no hicieron carros sino materiales de guerra.

Los carros que se hicieron en los Estados Unidos a partir de 1946 eran más grandes, anchos y bajos que los anteriores. También eran más suaves para viajar. Para mediados de la década de 1950, eran más rápidos y estilizados.

Muchos carros tenían aire acondicionado, servofrenos y servodirección. Todos los fabricantes utilizaban el cambio automático, no sólo Oldsmobile.

Pontiac de 1950

Packard de 1934, un auto clásico

Ford Mustang convertible de 1964

CARROS MODERNOS (1970 - presente)

Durante la década de 1960, muchos carros todavía eran grandes y potentes. Pero en 1970 hubo escasez de gasolina. Los carros pequeños japoneses, o **autos importados,** que usan menos gasolina, se empezaron a vender muy bien en los Estados Unidos.

Durante la década de 1980, muchos fabricantes de los Estados Unidos hicieron carros pequeños. La economía de gasolina y la seguridad eran ahora lo más importante. Para 1990, muchos carros se fabricaban con bolsas de aire para suavizar el impacto de los choques.

Mercedes-Benz 500SL de 1990

CARROS DEPORTIVOS

Los carros deportivos son pequeños y a poca altura del suelo. No son tan silenciosos ni cómodos como los carros más grandes, pero son rápidos y hermosos.

Uno de los primeros modelos deportivos fue el Bearcat, de 1914. Era convertible y sólo cabían en él dos personas.

Muchos de los carros deportivos que se ven hoy en día por las carreteras de los Estados Unidos son importados. Uno muy popular fabricado en los Estados Unidos es el Chevrolet Corvette.

Chevrolet Corvette convertible de 1986

CARROS DE CARRERA

Las carreras de carros modificados utilizan carros como los que usa el público en general. Las carreras son generalmente en pistas de tierra a una velocidad de 100 millas por hora o más.

Los carros de Fórmula Uno, o Grand Prix, llevan a una persona y se hacen sólo para carreras. Estos poderosos carritos con enormes llantas pueden sobrepasar las 200 millas por hora.

Los carros de Indy, que corren en la famosa carrera Indianapolis 500, son como los de Fórmula Uno.

Carro modificado Chevrolet Lumina

FABRICANTES DE AUTOMÓVILES

Los fabricantes son compañías que diseñan y producen automóviles. Al principio hubo unos 2,000 fabricantes en los Estados Unidos. Para 1920, había 100. Hoy en día quedan sólo tres: Ford, Chrysler y General Motors. Cada fabricante hace varios carros. Chevrolet, Oldsmobile y Cadillac, por ejemplo, son vehículos de la General Motors.

Las tres compañías de los Estados Unidos producen 8 millones de carros todos los años. Pero el país que produce más automóviles en el mundo es el Japón.

Línea de montaje de la Ford Motor Company, 1913

LA MARAVILLA DE LOS CARROS

A los norteamericanos les encanta la maravilla de un automóvil nuevo y reluciente. También les gustan los carros **clásicos.** Ciertos modelos fabricados entre 1925 y 1948 se consideran clásicos. Se hicieron pocos. Eran lo mejor de su época. Si eran muy costosos entonces, ahora cuestan mucho más.

Se consideran autos clásicos ciertos modelos de Packard, Lincoln, Cadillac, Cord, Auburn y Mercedes-Benz.

El automóvil—una maravilla de velocidad, potencia, comodidad y diseño.

GLOSARIO

cambio — una posición en el sistema de transmisión del carro que cambia la transmisión o dirección del mismo

carro modificado — un automóvil que se usa para carreras pero que es igual a los carros que venden las agencias a cualquiera; un carro "normal" que se usa para carreras

clásico — algo de excelencia y valor probados, como por ejemplo, ciertos automóviles de los más antiguos

convertible — un auto con capota que se puede bajar o quitar

cupé — un automóvil cerrado de dos puertas

chasis — el armazón y muchas de las piezas importantes que hacen funcionar un vehículo

importado — algo que se trae a un país de otro país

limosina — un carro grande y cómodo que se fabrica de tamaño más largo que el normal

línea de montaje — un proceso en que se produce un producto al pasar de un trabajador a otro

ÍNDICE ALFABÉTICO